a Table

ア ターブル

雅姫のテーブル12カ月

はじめに

集まったみんなに心地いい時間を過ごしてもらいたくて、テーブルコーディネートを工夫するようになりました。季節の食材や草花を取り入れて。一枚の布、ひとつの器からイメージを膨らませるときもあります。いつも完璧には無理だけれど、普段とあしらい方を少し変えるだけで印象も気分も変わるのが楽しいのです。

カッティングボードをお皿として使う。作家ものの和食器とヨーロッパの蚤の市で見つけた器を一緒に並べる。ルールがないおうちごはんだから、好きなものを柔軟に組み合わせてみると案外すてきになることも。そんなときのわくわく感が、この一冊から伝わるとうれしいです。

Contents

Autumn

Winter

Spring

朝の空気が緩み始めたら、待ちに待った春の到来です。いきいきとした色が街にあふれだし、ひな祭りやお花見にも胸躍るこの季節ならではのポジティブな雰囲気。寒さからの解放感に浸れる身近な明るい風景を、テーブルに表現したくなります。

March

早春の花咲きランチ

春の訪れを、真っ先に知らせてくれる黄色い花。温かみを帯びた光が差すように、その色を食卓にちりばめて。いつものメニューを旬顔に

穏やかな季節の始まりは黄色から。白い器ですがすがしさをプラス

買い物途中に立ち寄ったお花屋さんで、目に留まったのがソシンロウバイ。ほっそりとした枝先に、つやのある黄色い花がぽつりぽつりと咲いていました。ついつい引き寄せられて、迷わずお持ち帰り決定。包んでもらっているそばからウキウキして、明日の昼食は花の色に合わせたテーブルにしようと決めました。

どこか透明感のある鮮やかな黄色が溶け込むように、テーブルクロスの色はマスタード。落ち着いた印象ながらも軽やかさが漂う、コットンのドットレースを選びます。器はプレーンな白を中心に、小ぶりのものは色絵や緑のデザインで花を意識して。寒い季節から一歩踏み出した喜びを、じんわり感じられるようにコーディネートします。

突然わいてきたイメージだから、料理は手慣れているものにプラスαしてアレンジすることに。レパートリーのなかから浮かんだのは、大好きなおいなりさんとコロッケです。裏いなりとのコンビで少し変化をつけて、上にミモザ風のゆで卵と三つ葉をのせて彩りを。コロッケはスタンダードな具材で作りつつ、見た目にかわいいコロンとした形にします。フライパンで焦げ目をつけて、オーブンで仕上げたローストポークはチャツネ風に金柑ジャムをかけたら、つけ合わせにエンダイブとグレープフルーツを。にんじんのラペも金柑と和えて、食用花を添えました。そして飲み物は、黄色つながりでカモミールをブレンドしたほうじ茶に。

黄色をきかせながらマスタードとオレンジ色を加えてグラデーションを作ったテーブルは、野菜のグリーンで優しく引き締めて。また、色使いだけでなく、ロウバイの枝先を切って箸置きにしたり、れんげに箸休めのらっきょう漬けをのせたり。あしらい方を少し変えるだけで、いつもの食器、いつもの料理に新鮮味を与えてくれます。やわらかな光と花のすがすがしい香りも手伝って、春の始まりにふさわしい昼食ができました。

Tips For Setting

* イメージのもとは黄色い花。クロスや食材を同系色のグラデーションでまとめて
* メインの皿は、黄色に映えるクリーンな白をセレクト。小皿は色絵のもので華やぎを
* ロウバイの枝を箸置きにしたり、れんげを漬け物の器にしたり。あしらいに遊び心を

March

ひな祭りの女子会

待ちわびていた桃の節句は、女友達を呼んでお祝い。日本のセンスを生かしながら気取りのないしつらえで、晴れの日を盛り上げて

春色の料理と漆器、陶磁器で品よくカジュアルな和のテーブルに

日増しに空気が和らいでくる3月。春の訪れを実感するイベントといえば、女の子の健やかな成長を願う〝ひな祭り〟。いくつになっても心が弾むこの日は、お祝いと称して気の置けない女友達と他愛のない話に花を咲かせるのが、ここ数年の恒例です。

日本らしさが味わえる行事なので、コーディネートも和のものを中心に考えます。料理はヘルシーさを心がけながら、春ならではの食材を使用。お茶の時間には季節を映した和菓子と冴え冴えとした緑の抹茶入り玄米茶も加え、目にも華やかなおもてなしに。

メインのちらし寿司にはマグロやイクラといった海の幸、れんこんにさやいんげん、卵焼きなどをたっぷりと。梅と蝶に型抜きした京にんじんとすだちをトッピングすればでき上がりです。ほかに、たけのこと根菜のワカメ煮やキャロットラペ、菜の花のおひたしなど数種類のお総菜、箸休めの漬け物、縁起がいいとされるハマグリのお吸い物も用意。デザートには見た目もかわいいいちごを選びました。

そして色とりどりの料理と併せて、気分を盛り上げてくれるのがしつらえです。みんなが集まる前に、ハンガリーリネンを敷いたテーブルに梅の枝を生け、低足の祝い膳をセッティング。器は、朱塗りの漆器と陶磁器でそろえることに。普段は登場回数が少ない漆器を気軽に合わせてみると、おもてなしにぴったりの上品さが生まれました。大好きな豆皿を銘々皿にして、ちらし寿司の取り皿には笹の葉を敷いて彩りを。少々値の張る作家ものや骨董市の掘出し物で人数分がそろわない陶磁器は、あえてひとりずつ変えたり2個ずつにしたり。どれも私好みだから、デザインはバラバラでもしっくりなじみ、遊び心もプラスできます。

おうちごはんだからこそできる柔軟なアレンジで、大人にふさわしい落ち着いた雰囲気のなかでいきいきとした季節感が楽しめるパーティスタイルになりました。

Tips For Setting

* 漆器をカジュアル使い。深みのある朱赤と光沢が、食卓を大人っぽく上品な雰囲気に
* 豆皿は数がそろわなくても、かえって味わいが出る。お膳がまとめ役に
* 型抜き野菜をトッピングしたり取り皿に笹の葉を敷いたりして、見た目も楽しく

April

桜を映したテーブル

この時期に心奪われるのはやっぱり桜。その色と風味、そして春の食彩をテーブルへ。はらはら散る花びらも、大切なムードメーカー

春のあでやかな色調を木の道具で優しく引き立てて

　桜開花の便りをちらほら耳にするようになると、がぜん気になりだすのがピンク色。もともと好きな色ですが、その華やかさを、いつにも増して家の中にも取り込みたくなります。絶好のタイミングで見つけた河津桜を窓辺に飾ったら、気分はすっかりお花見モード。テーブルに枝を分けて、季節感を満喫できる料理とコーディネートを考えます。

　メイン料理は、わが家のお花見の定番で、味と見た目のバリエーションが出せる手まり寿司。テーブルクロスは花のピンクと絶妙なグラデーションになる、濃いめで明るいピンクを選びました。そこに、飯切《はんぎり》やセイロといった自然素材で味のある道具を器として使い、やわらかなコントラストをつけることに。

　手まり寿司は、シンプルに酢飯を丸めてマダイやスモークサーモンをのせたり野沢菜で巻いたり。なっぱや梅しそのふりかけを混ぜたタイプには、れんこんやラディッシュの酢漬けなどを合わせます。また、グリンピースごはんには桜の塩漬けを、ほかにイクラや芽ねぎなども添えて彩りを追加。おかずは、小ぶりのセイロに笹の葉を敷いてそれぞれに盛りつけを。蒸しエビやサイコロステーキ、若竹煮、菜の花のおひたし、ゆでそら豆など数種類を少しずつ。花びらの型で抜いた赤かぶの漬け物を、ちょこんとあしらいました。花を思わせるデザインの白磁の器にはアサリの酒蒸しをよそって、パクチーをたっぷりと。汁気のあるものをいただけるのは、おうちごはんだからこその醍醐味です。

　春を味わうテーブルの仕上げに、桜の塩漬けで飾った桜形のサブレと桜茶を用意。サブレは、曲げわっぱのお弁当箱に入れて。故郷の秋田と同じように、菓子器として使いました。鮮やかな色調とナチュラルトーンを、無理なくまとめてくれる木の器。白磁やガラス器とも合わせやすく、おかずを小皿に分けるようにセイロに盛ってみると、ひと味違う趣を見せてくれます。

Tips For Setting

＊桜よりワントーン濃いピンクのテーブルクロスが、器や料理の色みを引き立てる

＊飯切を大皿として手まり寿司を、小ぶりのセイロを小皿としておかずを盛りつけ

＊ポイントに桜をあしらって。ドリンクやサブレに塩漬けを、小枝は箸置きに

April

おうちでも
お花見ランチ

しっとりした華やかさに、胸が高鳴る季節。ピンクの濃淡にザルやボードの素材感を響かせ、今こそ味わえる風情を食卓に映し出して

静かに咲き誇る花の色をメインに素朴な道具を器に見立てて手軽な宴を

街のあちこちが、淡いピンク色に染まる頃。毎年、そのはかなくもあでやかな風景に誘われるまま、近所の公園や友達のおすすめスポットへお花見に出かけます。でも、たまには家でゆっくり過ごそうと、桜をしつらえてランチをすることにしました。

わが家でお花見といえば、たいていお重箱に手まり寿司。あれこれおかずも考えて、ちょっぴり気合いが入ります。でも、今回の趣向を変えたおうちごはんはもっとカジュアルにアレンジして、桜の花と色を盛り込んでデコレーション。〝花より団子〟のおなかを満たすメニューに。フィンガーフードは和のイメージにこだわらず、ピタパンとフリット。手仕事のぬくもりを感じられるザルやカッティングボードなどをお皿代わりに使い、気負わず満喫できるピクニック気分の食卓です。

ピタパンは、温かいものと冷製の2種類。ひとつはガーリックソテーしたチキンとトマト、カマンベールチーズを一緒に挟み、グリルパンでカリッと焼いて。もうひとつは、アボカドとゆでたシュリンプ、アンチョビマヨネーズを挟んだもの。そして、たけのこやこごみを加えた野菜のフリットとグリンピースのポタージュで、旬の香りをきかせます。また、デザートのブラマンジェは、桜シロップをかけて桜の塩漬けをトッピング。ロゼのスパークリングワインも準備したら、いよいよテーブルを飾ります。

テーブルに広げたのは花も料理も引き立てる、フューシャピンクのハンガリーリネン。縁に施されたカットワークで、ほどよい抜け感を。可憐に咲く啓翁桜《けいおうざくら》は背の高いピッチャーに生けて、存在感を出しました。コントラストをつけたピンクのなかに素朴なザルとカッティングボード、セイロが趣を添え、外の眺めとリンクするナチュラルシックな佇まいに。春以外の季節にも花や料理、色調を変えたり、ガーデンランチにしてみたりして楽しもうと思っています。

Tips For Setting

* 淡い色が浮き立つフューシャピンクの布と大ぶりのピッチャーで、桜を際立たせて
* ザルやカッティングボードを器として。手仕事感のある道具の風合いを生かして趣を
* 料理は和にこだわらず、気軽につまめるピタパンとフリット。食後にブラマンジェ

Note 1

いちごのジャム作り

粒々の食感と色の残る加減に

つやつやした真っ赤な粒を見ると、気分が自然にウキウキしてくるいちご。フレッシュな甘酸っぱさを堪能しつつ、少しでも長く味わえるようにジャムを作ります。きび砂糖だけ加え、鮮やかな姿を残してとろみ控えめに仕上げるのがお気に入りです。

朝食ではパンに塗り、ソースとしてデザートにもたっぷり使います。白い器に映える透明感のある赤は、つや感が増すグラスに入れてもきれい。また、こっくりした朱塗りのお皿に合わせると、かえってモダンに。身近な果物でありながら、食べ方もコーディネートの幅も広がるいちごのジャムは春ならではの贅沢です。

作り方

小粒のいちごを使用。洗ってヘタを取り、きび砂糖と一緒に鍋に入れて中火にかける。沸騰したらアクを取り、弱火にして焦げないように混ぜながら煮る。目安はいちごの明るい色と形が残り、スプーンからゆるゆると落ちるくらいのとろみ。最後にレモン汁を加えるととろみが増し、その酸味と香りもアクセントに。

パンナコッタの上に、ジャムをそっとのせて。赤と白の2層がかわいいデザートは、自然と目を引く脚つきのワイングラスで

ジャムをバニラアイスに混ぜていちごフレーバーに。あんこを春巻きの皮で包んで揚げたもの、帽子みたいなヘタつきいちごも添えて

小粋さが頼もしい和の器や道具

ちょっと落ち着いた雰囲気をプラスしたいと思うとき、手に取るのはたいてい和の器。形と色調がやわらかく、たとえ愛らしいデザインでも甘くなりすぎず洋食や洋食器ともなじんでくれるからです。ザルも道具としてというより、ニュアンスを添える器として使うことが多い気がします。

逆に、かわいいアクセント作りに重宝するのが花の形の抜き型。そして、季節をリアルに表現できる生花です。春ならツバキや梅、桜といったスタンダードな花が効果的。それぞれ役割は違っても、和のものがもっている繊細な表情は妙味あるコーディネートにひと役買っています。

3

2

1

1 ツバキの花をこまやかにかたどった春らしい上生菓子は、北原進さんの木曽漆器の梅皿に
2 ひな祭りの女子会（P12〜）で、総菜を盛りつけた朱塗りわん。スープやお汁粉などにも使用
3 たくまポタリーで見つけた梅と菊花の箸置き。ひとつずつ微妙に違う顔つきも食卓に和みを

7

6

5

4

4 サイズ違いのザルを、おしぼり受けやお皿に。
気兼ねなく、フレキシブルに使える優秀選手
5 愛用している曲げわっぱの弁当箱は柴田慶信
商店のもの。ときには菓子入れにすることも
6 彩り野菜にお菓子にと活躍する京都・有次の
抜き型。いつもと形を変えるだけで特別感が
7 楚々とした桜はのびやかな枝ぶりを生かして
飾ると、華やかな雰囲気がさらに盛り上がる

Summer

暑さにとらわれていると、やる気スイッチがオフになりがちな夏。でも植物の味や香り、色の力強さに触れた途端、ムクムクとわいてくる好奇心。自然の恵みに刺激され、心身ともに家族もリフレッシュできる食卓を考えるのが夏の原動力です。

May

緑あふれる大皿ごはん

久しぶりにのんびりできる日は、
気の置けない友人と。花と緑が埋
め尽くす庭を思わせるコーディネ
ートで、わくわくする食卓に

緑の野菜とリンクするクロスに可憐な花の色彩をミックス

爽やかな緑の香りに包まれるこの時期。色鮮やかな花も日を追うごとに至るところで目に留まり、活気に満ちた季節の到来を実感します。いつにも増して待ち遠しい休日は、花と緑があふれかえる庭を眺めながら、久しぶりに会う同級生と遅めのランチをとるのが最高の贅沢です。

ベースカラーは、やっぱりグリーン。主役に脇役にとあしらいながら、庭の景色を映す感覚でピンクやイエローをちりばめて。そんなイメージが浮かんだ途端、思い出したのはテーブルクロスにぴったりの布。何年も前に蚤の市で見つけたヴィンテージで、ブーケがみずみずしく描かれたもの。深みのある色調だから、明るいグリーンのビバーナムを片隅へ。咲き始めのフレッシュ感が一段と映えるように、ガラスジャーで無造作な感じに生けます。ナプキンも、グリーンを選んで統一感を出すことに。そして料理は、手早く作って盛りつけられ、片づけも簡単な大皿スタイルに決定しました。

メインにしたパエリアは、大好きな野菜と魚介をふんだんに使用。サフランライスに芽キャベツとスナップえんどう、春菊、イエロートマトを入れ、ムール貝やアサリなどもゴロゴロ。15分ほど炊き込んで、具材のうま味をとじ込めます。サイドディッシュにはエビとホタテのガーリックソテーにポテトサラダ、鶏肉と長ねぎのスープを用意。ソテーはゆで卵とパクチーを添え、レモンを搾ったりバジルソースをかけたり。ポテトサラダは明太子とチーズを和えて、風味を増しつつほんのりピンクに色づけを。届いたばかりの新茶をいれたら完成です。

メイン料理もおかずも魚介のうま味を生かした料理だから、一枚のお皿に一緒に盛り合わせて。各自好きなものを好きなだけ味わえる、ワンプレートごはんを楽しみました。食材や色使いはもちろん、器の素材やサイズを普段と少し変えるだけでも趣が違うテーブルになります。

Tips For Setting

* 爽やかなグリーンを、主役にも脇役にも。食材などの違う色みが入っても統一感が
* 庭の景色を映す感覚で、花の色もちりばめて。色彩が引き立つよう、器はシンプルに
* ゆっくり食事を楽しみたいから、料理は手早く作って盛りつけられる大皿スタイル

May

白で彩る
ティータイム

フレッシュな空気に包まれる時季。真っ白なリネンから思いついたアフタヌーンティー風のコーディネートは、食卓に凛とした清涼感を

清潔感のある白に緑を差して シンプルな料理を晴れやかに

春から夏へと移り変わるこの季節は、特に草花がのびのびとしてきれいに映り、空気が澄んでいるせいか、光も輝いているような気がします。そんなすがすがしさに浸っていたら、無性に作りたくなったのが白いテーブル。思わず手にした真っ白なリネンの布からイメージが膨らみ、洗練されたアフタヌーンティーのシーンが浮かんできました。

クロスだけでなく、食器や花、料理も白を意識して。食器は、コンポート（脚つきの器）とケーキスタンドをメインに選択。料理はアフタヌーンティーの基本、サンドイッチとケーキを並べながら、野菜や果物のシンプルメニューをプラスすることに。

軽食のサンドイッチはきゅうり、ハム、卵を挟んでひと口サイズにカット。大ぶりのコンポートに盛りつけます。じゃがいものソテーとアンチョビ、ドライトマトをのせたバゲットはカッティングボードでサーブ。ほかに、カリフラワーの冷たいポタージュ、彩り野菜のピクルスも加えました。お菓子はホールのガトーショコラ、ラベンダーで風味づけしたレアチーズケーキとショートブレッドを用意。どちらも、雰囲気と色調に合わせたケーキスタンドへ。また、季節的にさっぱりしたものを、と思って作ったのがフルーツポンチ。グレープフルーツやりんごなど数種類の果物をガラスジャーに入れて、取り分けるグラスの中にはミントの葉を準備します。

そして仕上げのテーブルフラワーは、クレマチスやライラック、フランネルフラワーといった多彩な〝白〟を取りそろえて。ローズマリーとヤツデの実でグリーンを増やし、見た目をいっそう涼しげに。

ピュアからオフホワイト、クリーミーなものまでトーンが違っても、そのグラデーションが味わいになる白。何より、際立つ爽やかさが今の気分にぴったりです。グリーンをはじめ、野菜や果物のアクセントカラーも映えて、より華やかさも出せました。

Tips For Setting

＊クリーン、涼しげ、華やか。トーンの違いでさまざまな印象を与える白をフル活用

＊アフタヌーンティーのスタイルをヒントに、メインメニューは脚つきの器でサーブ

＊白に緑を差し込み、爽やかさをアップ。野菜と果物のメニューがアクセントカラーに

June

花柄で飾る
バル風メニュー

草花がぐんぐん生長する姿に、心浮き立つ季節。派手めでレトロなテーブルクロスと色鮮やかな料理で、テーブルはハッピー感満載！

大胆なクロスとにぎやかな料理で活気ある季節を迎えた歓びを

　庭を眺めているだけで、ウキウキしてくるのがこの時季。われ先にと枝葉を広げる植物たちが、わいわいガヤガヤおしゃべりしているようなイメージがわいてきます。その躍動感あふれる空気や色彩を、食卓にももち込みたくなりました。「人が集まる」「にぎやか」「お気軽」……。頭のなかにあれこれ巡って、しっくりきたのがバルの雰囲気。キッチュな花柄のビニールクロスが頭に浮かび、さっそくテーブルにスタンバイ。メニューはメキシカンとスペイン風を織り交ぜて、軽くつまめる前菜とオーブン料理の2本立て。自然と会話が弾む、取り分けスタイルに決定です。

　まずは前菜から。カジュアル感を出したくて、器は大ぶりのセイロをチョイスします。旬の葉野菜をミックスしたサラダは、そら豆とグリンピース、ボイルしたエビにサワークリームで彩りを。3種のトルティーヤチップスには、ディップの王道で色がきれいなワカモレとサルサソースを用意。2段重ねのステンレス製ランチボックスをボウル代わりに使い、取り分け用にホウロウのれんげを添えて。ミントとライムをたっぷり入れたモヒートも作り、スターティングメニューに爽やかな香りをプラスしてみました。

　そして、主菜は2品。ケチャップ入りのチキンライスをトルティーヤで巻き、トマトソースとチーズをかけてオーブンで焼いたエンチラーダ。仕上げに、チャービルをトッピングします。スペイン風オムレツはカラーピーマンとグリンピースで彩りを。気楽に手をのばしてほしいので、パエリアパンとスキレットのまま食卓へ。チーズや卵の黄色が映える料理に、サルサなどのディップも加えれば、見た目も楽しくますます華やか。

　気分が上がって食欲をそそる色彩がリンクした、テーブルクロスと料理。クロスは白ベースなので、白いお皿やガラスの器も違和感なくまとまって。無国籍で楽しく、陽気な食卓になりました。

Tips For Setting

* 生命力に満ちた草花の様子から着想を得て、ざわめきが心地いいバル風の食卓に
* 赤、黄、緑。気分が上がるテーブルクロスの配色を、食材ともリンクさせて
* メキシカンとスペイン風の料理を、軽くつまめて会話が弾む取り分けスタイルで

June

あじさい色で涼風ごはん

梅雨のしっとりした空気を含みつつ、涼しげなあじさい。色調も表情も豊かな、初夏ならではの花を咲かせるようにコーディネート

染付やザルをあじさいの色彩と織り交ぜながら初夏の風情を

あじさいは、開花の便りが待ち遠しい花のひとつ。ここ数年は庭や街で楽しむだけでなく、近郊の名所にも出かけています。清涼感をもたらす色や表情は、まるで雨が続くこの時期を選んだかのよう。そんな花を普段の昼ごはんの食卓に映し、初夏の香りを味わうことにしました。

　テーブルフラワーはいつもは単色でまとめることが多いけれど、今日のあじさいはあえて紫やグリーン、ブルーにピンクをそろえ、手まり状のものやガク咲き、八重咲きもミックス。そのなかから、ニュアンスがあって落ち着いた印象の青紫色を、大判クロスに選びました。ごはんは蒸し暑くても箸が進む、食感と彩りで。気楽に少しずつ食べられるようにと、浮かんだのは麺とおにぎり。麺は故郷・秋田の味、稲庭うどんにすだちのスライスをたっぷり浮かべた冷たいうどんです。そしておにぎりは、しそをアクセントにした干しホタテの炊き込みごはんと十六穀米の2種類。お総菜としてサワラの西京焼きにヒジキの煮物、ピクルスを少々。ちくわの磯辺揚げ、いぶりがっこにカマンベールやクリームチーズをトッピングしたものも、おつまみ感覚で加えました。

　料理をしながら考えていたのが、盛りつける器。和食器を中心にしようと決めて、うどんは大きめの片口へ。各自のペースで取れるよう、そばちょこと粉引のポットに麺つゆを用意します。それぞれのおにぎりとお総菜、そして磯辺揚げはザルに盛りつけ。カッティングボードも使いつつ、あじさい柄の銘々皿、ガラスの箸置きとグラスを交ぜて。ザルとボードに敷いたハランやツワブキ、八角蓮の葉は、ますます涼しげでサマになるあしらいです。

　メインディッシュが特になくても、器をいつもと変えてお総菜を少しずつプラスしたりグリーンの野菜と葉で爽やかさを出したり。急に友達が来たときでも、お互い気負わないおもてなしができます。

Tips For Setting

- ＊飾ったあじさいの色合いを拾ってコーディネートすると、多色使いでもまとまる
- ＊料理は稲庭うどんとおにぎりをメインに、適度な歯ごたえのある総菜も添えて
- ＊器は藍の染付やザルなど和のものでそろえ、ガラスの器も加えて涼を呼び込んで

June

バラ色のアフタヌーンティー

ノーブルな花の香りに誘われて計画した、午後のお茶会。大好きなピンクをメインカラーに選び、たまには女子力高めのテーブルに

小さな焼き菓子もクロスも
ローズカラーで優雅な雰囲気に

　バラがいっせいに花開き、庭のあでやかさが増す季節がやってきました。穏やかな風に乗って部屋の中まで漂う甘くフレッシュな香りも、何げない時間を幸せな気持ちにしてくれます。でも、そんな旬の彩りはつかの間。今日は息抜きがてら友達を誘って、アフタヌーンティーをセッティングしました。

　数えきれないほど品種があるバラのなかで、真っ先に思い浮かぶのは大好きなピンク。メインカラーを決めつつガーリーになりすぎないよう、テーブルクロスは白ベース、食器は白やガラスのもので清涼感を。クラシックな花柄やお皿とカップの花びらのようなリムが、上品に愛らしさを添えてくれるポイントです。また、お菓子はマフィンとマカロン、紅茶はローズティーをセレクト。普段とディテールや組み合わせを少し変えるだけで、気軽に華やかなムードが演出できます。

　ときどき作るマフィンは、今回は生地をプレーンにして飾りでバリエーションをつけることに。ひとつは、いちごのコンフィチュールをシンプルにのせて。ほかはフランボワーズソースをブレンドしたヨーグルトクリームのデコレーションに、いちごやブルーベリーをトッピング。爽やかな酸味をアクセントに、フルーティな味わいに仕上げました。そして佇まいがかわいいのは、やっぱりマカロン。目移りするほど多彩なフレーバーのなかから選んだのは、きれいなピンク色の4種類。生地もちらりと見えるクリームやコンフィチュールも、バラやフランボワーズなどで風味づけされ、微妙なグラデーションと豊かな香りが魅力です。

　テーブルフラワーは、もちろんバラ。ベージュに近いペールトーンから鮮やかなフューシャピンクまでミックスすると、軽やかなニュアンスが生まれます。ときにはこんな、季節の花からコーディネートカラーを決めてイメージを広げた、スウィートなお茶会で気分をアップしませんか。

Tips For Setting

* ＊バラのなかでも心惹かれるあでやかなピンクがメインカラー。スウィートなお茶会に
* ＊ガーリーになりすぎないように、テーブルクロスと食器は白がベースのものを
* ＊色はもちろん、バラの風味をお菓子とお茶に取り入れればいっそう気持ちも華やかに

いろいろな国のセンスをミックス

料理だけでなくテーブルウェアも好きなものを選んでいると、「気がつけば無国籍」なんてことはしょっちゅうです。そのなかで、中国やベトナム、タイ、韓国など、どこか懐かしさを覚えるアジアの素朴なものがお気に入り。テーブルに軽さを出したいときに重宝しています。

　また、ヨーロッパの蚤の市で出合って以来、デザインの多彩さに惹かれて愛用しているのが木製のカッティングボード。丸や四角、大小あるとお皿にトレーにと使え、食卓の上で切り分ける楽しさも。肉や野菜料理、チーズ、パンなどいろいろのせられ、自然と趣が出るところも魅力です。

1

2

3

4

5

6

7

8

9

10

1 中国で見つけたホウロウ皿は、爽やかな色調の楕円形
2 鮮やかな朱赤は、野菜や果物の天然色に意外とぴったり
3 波のような水色の幾何学模様で縁を飾ったスープボウル
4 ファンシーになりすぎない、グラフィカルな草花柄
5 花が内底だけに描かれて、料理のありなしで印象が変化
6 ベトナム製のグラスカバー。自然素材ならではの涼感が
7 1段ずつ分けて器としても使う、タイのランチボックス
8 韓国のスプーンと日本の作家のれんげは真ちゅうコンビ
9 カラーコーディネートが楽しい、ビビッドな色のれんげ
10 照宝のセイロは、サイズ違いをそろえてお皿代わりにも

14

13

12

11

18

17

16

15

11 やわらかななで肩ラインで薄めの一枚は、フランス土産
12 パリで選んだ細長型。無骨な姿はどこかアジアの香りも
13 ユニークな形にひと目ぼれ。スリランカ製マンゴーウッド
14 ちょこんと飛び出した持ち手がかわいいピッツァボード
15 ダークトーンですっきりした形は和洋の料理に合う
16 のせたものを引き立てる縁彫りには、花のモチーフも
17 オランダでの戦利品。めずらしいフォルムにキュン♡
18 持ち手下にHERBと刻まれたロング型が新鮮な掘出し物

July

目にも鮮やかな サマーランチ

みずみずしい野菜が主役。自然に育まれた色彩と味わいをしっかりと生かして、テーブルを華やかに演出しながら食欲もアップ

風合いのあるテーブルウェアが色とりどりの野菜としっくり

燦々と光が降り注ぎ、エネルギッシュな空気に満たされるシーズン。アクティブな気分になると、テーブルも元気カラーでいっぱいにしたくなります。ママ友とランチの約束をしたこの日、メニューは色鮮やかな野菜をたっぷり使った、カジュアルイタリアンに決めました。

野菜のきれいな色を引き立てたいから、コーディネートには素朴な風合いのアイテムをセレクト。クロスには生成り、ナプキンには墨黒のアンティークリネンを使い、テーブルウェアは木製のカッティングボードをはじめとするナチュラルテイストでまとめて。大人っぽさを意識しながら爽やかに、おしゃべりが弾む気軽な雰囲気を演出します。

料理は、ピッツァを2種類。マルゲリータは、焼き上がったら濃厚な甘味のフルーツトマトとイエロートマトをトッピング。もう一枚は歯ごたえや風味を楽しみながらあっさり食べられる、オクラとシラスのコンビです。また、野菜を思い思いにつまめるように、バーニャカウダとヨーグルトディップを作りました。ソースはアンチョビとにんにくをきかせ、生クリームと無塩バターでまろやかに仕上げて。ヨーグルトディップにはみじん切りしたきゅうりとミント、レモン汁などをミックスします。そして、野菜はアスパラガスにコーン、カリフラワー、オクラなどを少しずつ、バリエーションを豊富に。ラディッシュとにんじんは葉つきのまま添えて彩りにしました。さらにブラータ、エメンタール、ハーブといった3種のチーズ、ドライいちじくとレーズンも用意。ドリンクはジンジャーシロップを水か炭酸水、りんごジュースで割ればでき上がり。

ピッツァは秋にはきのこ、春には菜の花をのせて、ディップは魚介類につけてもおいしい。集まるメンバーによってアレンジがきくメニューだし、夜ならシックなテーブルクロスや食器を使えば、がらりと印象が変わります。

Tips For Setting

＊料理はエネルギッシュな光を凝縮したような、元気色の野菜たっぷりのイタリアン

＊食材の鮮やかな色を引き立てるため、テーブルクロスはナチュラルなリネンに

＊器として使った素朴な風合いのカッティングボードが、彩り野菜と好相性

July

さっぱり風味の中東料理

野菜の豊かな色み、カンタ刺しゅうの布が楽しげな雰囲気を盛り上げて。体も目も喜ぶコーディネートで、元気がわいてくる食卓を

素材の持ち味を生かした料理に手工芸の豊かな風合いがフィット

　数年前から習っているベリーダンス。レッスン仲間と中東料理のお店に行く機会もできて、食の世界にも惹かれています。それまでのイメージは、肉料理のケバブかスパイスをきかせたクセの強い味。でも、野菜主体の料理やマイルドな味つけのものも多いことを知り、ときどき作るように。食欲が落ちる時期、食べたくなるのがサラダ仕立てのクスクス。この日はほかに、旬の野菜がしっかりとれるメニューを考えて、サマーランチを楽しむことにしました。

　そろえる野菜はトマトやズッキーニ、とうもろこし、きゅうり、パプリカなど10種類ほど。クスクスはもちろん、串焼きやパンにつけるディップにもフル活用します。夏野菜のみずみずしい色を生かしたくて、コーディネートにはアフリカと日本の平かごや土っぽさの残る陶器、木のボウルにカトラリーなどプリミティブなものを選択。インドのパッチワークキルトをテーブルクロスにしたり白いお皿やガラス器を差し込んだりしたら、自然な風合いがより浮き立って面白みが出せました。

　野菜のガーリックソテーとミントを混ぜたクスクスは、レモン汁をたっぷり搾るあっさり仕上げ。今日はグレープフルーツでフレッシュ感を増し、淡白なうま味が特長の魚、ホウボウでボリュームをプラス。シシケバブ風の串刺し野菜と魚介のグリルは、チキンやチーズも加えると、選ぶのが楽しい一品に。エビと玉ねぎのグリルも用意し、中東でポピュラーなヨーグルトディップにはみじん切りの玉ねぎときゅうりを、ひよこ豆のペースト・ホンムスにはにんにくやミントをイン。トマトベースの冷製スープ、ガスパチョにもきゅうりをぱらりとのせたら完成です。

　さまざまな色彩と食感が味わえて、爽やかさも漂う中東料理。そのミックス感をコーディネートにも盛り込んだテーブルは、蒸し暑さで下がりがちなテンションをほどよくアップしてくれます。

Tips For Setting

* 野菜のみずみずしさを生かし、味つけはマイルドに。ミントやレモンで爽やかさを
* プリミティブな器やインドの刺しゅうクロスを合わせて、無国籍で楽しい雰囲気に
* グリーンの葉をかごに敷き、枝もののブルーベリーもしつらえて涼感を

August

韓国料理で
パワーチャージ

栄養満点で見た目もにぎやかなごはんを引き立てるのは、クールな趣の手仕事感がある器。真夏のけだるさにきくテーブルです

滋味豊かな料理と器のしつらいで 心にも体にも爽快感を

木々に生い茂る緑の、色も匂いも濃くなる季節。梅雨明け以降のカラッとした陽気は気持ちいいけれど、毎日続くと、さすがに体が重くなりがちに。いよいよ夏本番に突入。パワーをチャージできるごはんはないかな……。パッとひらめいたのは、たっぷりの野菜や漢方素材を使う韓国料理のスタイルです。

メニューは、具だくさんでいろいろな食感が味わえるキムパをメインに、スタミナ料理といわれるサムゲタンと夏野菜のおかずをプラスします。そして、テーブルにはセンターにベルギーリネンを、サイドには白い花の枝ものをセッティング。涼やかさと和やかな雰囲気が漂うように乳白色を基調にしながら、ニュアンスのある竹ザルやシルバートレーを器に選び、真ちゅうのカトラリーもミックスすることにしました。

キムパは白米と黒米、具でも変化をつけた5種類。甘めの卵焼きを必ず入れて、牛肉のしぐれ煮やシラス、クリームチーズ、たくあん、ナムルもほうれん草や豆もやし、にんじんなどでバリエーションを。ビッグサイズのザルに、庭から摘んだオオバギボウシの葉を敷いて盛りつけます。鶏のおなかにもち米や高麗にんじん、なつめ、にんにくなどを詰めて煮込むサムゲタンは、熱々を取り分けたいので浅型の鍋ごとテーブルへ。うま味と栄養がじんわり溶け出したスープも味わえるように、伊藤環さん作の深鉢によそいました。2種類の唐辛子となす、赤ピーマンなどで作った揚げ煮びたしを大ぶりの片口に、カクテキともろみみそを添えたきゅうりをアンティークのシルバートレーに盛りつけたら、いただきます。

シンプルでいてほどよい引き締め役になる器と、栄養バランスがいいとされる赤、緑、黄、白、黒の5色をそろえた料理が目も楽しませてくれる食卓。さらに、ごま油やだしの香りと甘辛い味つけも食欲をそそり、暑さのピークも乗り切れそうな気がします。

Tips For Setting

* 本格的な夏の到来を感じたら、栄養、風味、彩りが豊かな韓国料理でパワーをチャージ
* 乳白色を基調に、味のあるお皿やカトラリーを加えて、涼やかさと和やかな雰囲気を
* 古伊万里の白磁や藍の染付、ガラスのティーポットでいれた緑茶でも涼を演出

August

夏色満開の イタリアン

白いキャンバスを彩るのは、素材の個性を生かした料理。あふれる夏野菜のブライトカラーと新鮮な香りで、気持ちも即リフレッシュ

ビタミンカラーがいきいきと映える 白ベースの食卓で爽やかな余韻を

日差しが照りつける季節には、いつにも増して目を奪われるのがビビッドな色。クリアな光に断然映えるので、ファッションやインテリアに取り入れればたちまち気分が上がります。その即効性を食卓にも、と思い立って頭に浮かんだのは、今まさに盛りの夏野菜の鮮やかさ。料理は、素材の持ち味を生かせてバリエーションも出しやすいイタリアンに決定です。

夏らしい色が主役の今日は、太陽を思わせるイエローを料理とナプキンできかせながら、オレンジやグリーンの野菜もちりばめて。その陽気さや爽やかな雰囲気が際立つように、ベースになるテーブルクロスや食器は白を中心にまとめます。ワイングラスと古い石皿を盛り込んだり、片隅にふわふわのスモークツリーを飾ったりすることで、ほどよい抜け感を出しました。

料理は、野菜のナチュラルな色や形も楽しめるスタイルを考えます。バーニャカウダソースをつけていただく彩り野菜は、水なすやミニトマト、オクラなどを石皿にたっぷりと。コーンは冷たいスープにして、そぎ切りのコーンとみょうがのスライスをトッピング。カッペリーニの冷製パスタは、しそとイタリアンパセリのソースをからめたジェノベーゼ風。紫キャベツのピクルスがアクセントです。そして、メインディッシュに用意したパプリカの肉詰めをお皿に並べたら、グリルトマトも盛りつけてカラフルなひと皿に。副菜のホワイトアスパラガスのソテーにはグリーンアスパラガスのピューレを合わせ、かぼちゃとズッキーニ、タコのマリネにはゆずのスライスをプラス。こんがりグリルしたヤングコーンも並べます。デザートのカットフルーツには、ミントの葉を添えて。

料理のポイントは、和の食材をミックスしたところ。水なすやみょうが、しそ、ゆずなどのさっぱりとした食感や香りがフレッシュな色彩と引き立て合う、夏仕様にアレンジできました。

Tips For Setting

*イタリアンで、夏野菜の味はもちろん、ナチュラルな色と形もとことん満喫

*テーブルクロスや器は、食材のビタミンカラーが映える、すっきりした白に

*ナプキンでもイエローをきかせ、グラスや石皿、スモークツリーでニュアンスを

August

暑い日こそ
カレーパーティ

わが家の献立の常連、カレーで気軽におもてなし。普段のテーブルにはアクセント使いでしか登場しなかった、赤の魅力を再発見！

赤に大胆な花柄のクロスに　ホウロウの食器で軽やかな趣を

まだしばらく暑さが続く時期に、無性に食べたくなるのがスパイシーなもの。なかでもカレーは、豊かな香りと味わいに食欲を刺激され、パワーダウンぎみな家族にも喜ばれます。娘の友達が遊びに来る日も、朝からぐんぐん気温が上がって汗ばむ陽気。ランチはカレーパーティと称して、うだるような暑さを乗り切るためのメニューとコーディネートを考えます。

気分が上がる、ホットな色といえば赤。ふと頭に浮かんだのは、ヨーロッパで見つけてストックしていたビニールコーティングの布です。鮮やかな色調とラフなタッチの花柄が東欧的にもアジアっぽくも映り、テイストミックスを楽しめそう！　テーブルクロスが決まれば、お皿はその無国籍な雰囲気に合わせて。素朴でキッチュなホウロウを中心に選びました。

料理のメインは、もちろんカレー。トマトとヨーグルトの酸味を加えつつ甘めに仕上げたバターチキン、チーズをトッピングしたほうれん草、たけのことオクラを入れたピリ辛グリーンカレーの3種類です。各自のお皿にはサフランバターライスとタンドリーチキンを、大きなかごにはナン代わりのフォカッチャを盛りつけて。サイドディッシュも、好きなだけ取れる大皿でサーブします。なすとかぼちゃ、ズッキーニのグリルマリネは、ライムを搾って爽やかさをプラス。キウイやドラゴンフルーツ、桃など、フレッシュな果物を贅沢に使ったひと皿はミントの葉を散らし、ホワイトバルサミコ酢をかけてサラダ仕立てに。最後はヨーグルトと牛乳、ハチミツ、レモン汁をミキサーへ。ラッシーができたら、パーティの始まりです。

日々の献立のローテーション入りしているカレーも、アレンジ次第でおもてなし料理に変身。体がしゃきっとするスパイスの風味とエネルギッシュな赤が相乗効果を発揮して、自然と元気がわいてくるテーブルになりました。

Tips For Setting

* スパイシーなカレーとメインカラーの赤で、五感を刺激。暑さに負けないテーブルに
* 東欧風のようでアジアの香りも漂うクロスに、あえてキッチュなお皿を合わせて
* ホウロウ、アルミ、ナチュラルなかご、ガラスの異素材ミックスで、ほどよくラフに

Autumn

芸術の秋、スポーツの秋……。さまざまな季節のイメージがあるなかで、私にとって身近なのは〝食欲の秋〟。味や色に深みが増す食材にはおいしいもの好きのおなかが刺激されるのはもちろん、テーブルのアレンジ心が一段とくすぐられます。

September

ベトナム料理で
クールダウン

料理の彩りが映えて、大人時間を演出できるモノトーンコーデ。自然素材を織り交ぜながら、暑さの余韻を鎮めて秋モードにスイッチ

黒をベースにしたコーディネートが野菜やハーブの天然色を引き立てて

　久しぶりに友達夫婦を誘って、おうちごはんを計画したこの日。ほのかに感じられる秋の気配からイメージしたのは、夏の疲れを癒やしてくれる食卓です。メニューは優しい味つけが多く、野菜とハーブがしっかりとれるベトナム料理をピックアップ。エスニックというといつもキッチュにしがちなコーディネートを、今日は大人がゆったり過ごせる時間を意識して。落ち着いた雰囲気が出せる、黒をメインカラーにしました。ただ、ダークになりすぎないよう、洗い込んだリネンの布をテーブルクロスに選びます。食器は黒灰釉《かいゆう》や黒陶など素朴な風合いの陶器を使いつつ、白いお皿と天然素材の小物もミックス。軽やかなコントラストがついていい感じに。

　作る料理は春巻きにフォー、青パパイヤのサラダといったベトナムごはんの代表選手。生春巻きはエビとミントの葉、にら、春雨などを、揚げ春巻きは豚ひき肉ときくらげ、にんじんをライスペーパーで包んで。それぞれ仕上がりの色みに合わせたお皿に、庭で摘んだギボウシの葉を敷いて盛りつけます。フォーはしょうがとにんにくを入れた、鶏だしのあっさりスープで。別皿にはもやしと紫玉ねぎ、青唐辛子、パクチーなどをたっぷり盛ってお好みで取れるように。ニョクマムやライム、レモンとともに、風味を変えながらいただきます。そして、サラダは青パパイヤとにんじん、きゅうりのせん切りを、酢を加えたスイートチリソースで和えればでき上がり。疲労回復効果があるといわれる枝豆の、粒々食感を残した〝食べる〟冷製スープもプラス。ドリンクにモヒートかレモングラスティーを選んだら、お待ちかねの乾杯です。

　生春巻きのエビを豚肉にしたり、フォーを炒めたり。ちょっとしたアレンジで、バリエーションがつけられるベトナム料理。ちょっと特別な感じを出せるから、ときには普段のごはんに加えてみるのもおすすめです。

Tips For Setting

* 野菜とハーブがしっかりとれるベトナム料理で、暑さ疲れした体をリセット
* ベースになる布と皿は黒でまとめて。大人がリラックスできる落ち着いた雰囲気に
* 重たい印象にならないよう、天然素材のランチョンマットやグラスカバーで軽さを

September

穏やかに秋めく
夕ごはん

夏から秋へ移る時季ならではの食材と温かみのある茶色を取り込み、家族団らんの食卓を。揺らめく炎に安らぐキャンドルも器に入れて

緑や赤の野菜、白地の器も布も まとめてくれるブラウンの包容力

活気あふれる季節に名残惜しさはあるものの、そろそろ落ち着いた空気も恋しくなる頃。食卓から先取りしようと考えた夕食は、材料やカラーリングから秋が感じられるようにしました。

　思い立った料理は、出回りだしたサンマの炊き込みごはんや種類が増えてくるきのこを使ったもの。テーブルウェアは、茶系の陶器やナチュラルな木製を中心にピックアップ。こっくりとした風合いで温かみを出しながら、白い小皿をアクセントに。布はオフホワイト地にレンガ色の花柄のものを選び、ひと皿ひと皿が引き立つ軽さを表現します。

　炊き込みごはんに入れるサンマは、まずローズマリーとタイム、しょうがと一緒にグリル。それをセミドライトマトと合わせて鍋で炊き上げ、直接サーブするスタイルにします。パン粉焼きにするきのこは、かさが大きく歯ごたえのあるアワビタケ。裏に豆腐とエビ、春菊などを混ぜたタネを詰めて焼き、大皿へパクチーとともに盛りつけを。また、しめじやまいたけ、エリンギ、マッシュルーム、しいたけは炒め、サラダにブルスケッタにとアレンジ。サラダは春菊と和えたら、軽く焼いた牛肉を混ぜてボリューム感も。ブルスケッタはマリネ風に仕上げたきのこのほか、トマトのバジルペースト和えを作ってカッティングボードへ。そして、さといもの唐揚げは古木のボウルに、アゴだしにとろみをつけたいろいろきのこのスープはナチュラルトーンのウッドボウルによそえば準備完了です。

　日差しをしっかりと浴びて、甘味が凝縮したトマト。パクチーやしょうがのような、さっぱりした香味野菜。秋の入り口に手に入る夏の香りをミックスすることで、味わいの広がるメニューに。ワインでも飲みながらゆっくり過ごしたい、家族がそろう週末の夜。キャンドルとヨウシュヤマゴボウの枝葉もあしらったら、くつろいだ雰囲気がますます高まりました。

Tips For Setting

* 秋をイチ早く感じられるよう、メイン料理にはサンマとさまざまな種類のきのこを
* 器はこっくりしたブラウンに。野菜の鮮やかな色、白ベースの布ともすんなりと調和
* 素朴な表情の木製のボウルとカッティングボードもミックスして、味わいを

October

黒で引き立てる
秋の味覚

実りの季節を謳歌する秋味満載のテーブルは、黒がベースカラー。素材感の違いによるトーンの変化で、趣が深まりシックな印象を

引き締め効果のある黒で秋の色も味わいも引き立って

日ごとに空気がひんやりしてきて、特に朝晩は肌寒さを感じる時期。「いよいよ出番」とばかりに、おでんがわが家の献立にローテーション入りします。今日のおでんには、うま味をしっかり蓄えたにんじんやごぼう、大根をゴロゴロと。旬の食材は、もちろんほかの料理にも取り入れて彩りに。コーディネートカラーの中心には、黒をセレクト。普段よく使う白とは異なる趣を狙いながら、重くなりすぎないように、テーブルクロスはレースが部分使いされたアンティークリネンを。食器は黒陶や黒漆の中に、粉引の小皿を少しプラスします。

おでんは根菜や車麩、卵などのほか、ソーセージと鶏肉、最後に湯むきトマトも入れたポトフ風。より満足感が出るうえに、見た目もにぎやかなので鍋ごとテーブルへ。ホクホクの栗と金時豆はおこわむすびにして、楕円皿にのせました。そして、シャキッとした食感のまいたけとほろ苦春菊で天ぷらを作り、大皿に盛りつけたら菊の花びらを散らします。くし形切りにした柿にはとろりとした白和え衣をかけて、砕いたくるみをトッピング。箸休めはビーツと一緒に漬けたれんこん、コリンキーとごぼうの色合いが楽しめる漬け物です。仕上げに、イガつきの栗の枝を飾ったらいただきます。

ベースの黒が、ファッションでもいわれるような引き締め効果を発揮。食材の黄色やオレンジ、赤などがぐっと立ってきて、色づく木の葉を思わせます。また季節感の演出で、やはり頼りになったのは植物でした。栗おこわをのせる皿には栗の、柿の皿には柿の、表情のある天ぷらの皿にはモミジの葉を敷きました。栗の枝は、5cmほどに切って箸置きに。あしらうときは籐のかごに入れたり、無造作な感じで置いてみたりとさりげなくアレンジします。緑や茶色が、黒とつややかな食材の色をバランスよくアシスト。そんな発見があるのも、テーブルコーディネートの醍醐味です。

Tips For Setting

＊おでんはトマトやソーセージも加えてポトフ風に。にぎやかさと満足度をアップ

＊引き締め色の黒を基調にコーディネート。暖色系の食材がよりおいしそうに映える

＊柿の葉をお皿に敷いたりイガつきの栗を飾ったり。植物を取り入れて、より秋らしく

October

シックに遊ぶ
ハロウィンの
テーブル

野菜盛りだくさんの料理が、味のある器となじむ食卓。自然に育まれた奥行きのある色、遊びを感じさせるあしらいで大人パーティに

ナチュラルな色と味を生かした料理は 陶器や天然素材の器でより深みを

秋のイベントとして、日本でもすっかり定着してきたハロウィン。10月に入ると、31日のその日に向けて、街角ではオレンジ色や黒などの装飾が目に留まるようになります。そんなお祭りムードにのって、大人だって楽しみたい！　どこかそわそわしている友達を誘い、おうちパーティを開くことにしました。

料理もコーディネートも、主役はかぼちゃ。おなじみのオレンジと緑の色合わせに、こっくりしたマスタードや赤などをミックスします。料理に使う野菜は縦、横、斜めと切り方を変えると、ユニークな形が現れたり豪華な印象になったり。また、テーブルクロスや食器類は深みのある色調と風合いを選び、庭から摘んだアイビーと山ぶどうで飾りつけ。いきいきとした蔓や葉の流れが思いがけない遊びを添えて、秋色に染まる森のような華やぎを漂わせます。

かぼちゃ料理は2品。グラタンは、ホクホクとした食感で甘味が強い坊ちゃんかぼちゃを使用。〝ジャック・オー・ランタン〟を作る感覚でふたにする上部をジグザグにカットし、種をスプーンでくりぬいて器に。皮もまるごと食べられるよう、グラタンの中身を入れる前に一度オーブンへ。生地にかぼちゃを練り込んだニョッキは、栗とくるみのソースをかけて。このほか、10種類以上をそろえた野菜のグリルにはビーフも加えて、より食べごたえと贅沢感があるひと皿に。サラダは春菊のほろ苦さと柿の優しい甘味、きれいな色を生かしたいから、ホワイトバルサミコ酢をベースにしたシンプルドレッシングでさっと和えて。最後に、菊の花びらをぱらりと散らすのもポイントです。

パーティだからといって、唐突な派手さを意識せず。「あれを使ってみよう」「これのほうが映えるかな」。あれこれ手を動かしながらアレンジしていくのが私流。日常使いのものでも視点を少し変えて、いつもと違うあしらいにしてみるだけで特別感が出ます。

Tips For Setting

* かぼちゃの色を拾って、料理とコーディネートをオレンジと緑の取り合わせで
* 野菜は縦、横、斜めと切り方を変えれば、豪華に見えて、気取らないパーティ仕様に
* トレーやカッティングボードを蔓草で飾りつけ。躍動感のある植物で大人の華やぎを

Note 2

かぼちゃのプリン作り

秋味&秋色をデザートでも満喫

秋といえばハロウィン。ハロウィンといえばかぼちゃ。そんなイメージも手伝って、秋メニューにはときどきかぼちゃのプリンを加えています。作り始めたのは、最近のこと。『SENS de MASAKI』で料理研究家の内田真美さんに、カスタードプリンの作り方を教わったのがきっかけです。

蒸したかぼちゃをプリン生地に混ぜて、感動した優しい味や口当たりが残るよう微調整。まろやかなコクと甘さが溶け合うデザートは、秋色も引き立つシンプルな器に。シーンによって、少しクールにしたり愛らしさを添えたり。ときには、かぼちゃパンナコッタで変化球も楽しんでいます。

身近だけど特別

プリンは子どもの頃、お出かけした日や風邪を引いたときに食べた思い出があります。だからか、材料も仕上がりもシンプルなのにどこか特別感がありました。内田さんに教わってから家でもよく作り、娘とも一緒に作るように。そしてすっかり、おもてなしの定番デザートになりました。

※雅姫さんが内田真美さんに教わったカスタードプリンの作り方は『SENS de MASAKI vol.4』(集英社)、『最後にうれしいお菓子たち』(内田真美著 アノニマ・スタジオ)に掲載されています。

人が集まる日はかぼちゃのプリンを大きな型で作り、食後に切り分け。シックなシルバープレートにのせたら、かぼちゃの種をトッピング

パンナコッタもかぼちゃでアレンジ。ふたの色をチョコレートソースと合わせたボンヌママンの空き瓶に入れて、お土産にもOKに

柔軟な茶と黒で シックな雰囲気に

色は、コーディネートのイメージを決める要素のひとつ。なかでも茶と黒は、その奥深さに気づいたここ数年でテーブルまわりに増えました。

レンガやマロン、焦げ茶など茶系をベースにすると、白から濃色まで交ぜても優しく包み込むようにまとめてくれます。そして黒は、つやの有無や墨黒か漆黒かといったトーンの違いで印象が絶妙に変化。布と食器の基調色にしても、ニュアンスある素材のものを選べば軽やかさが生まれます。

何より、どちらも落ち着いた雰囲気が演出できる大人にうれしい色。季節を問わず使ってみたら、コーディネートの幅がぐんと広がりました。

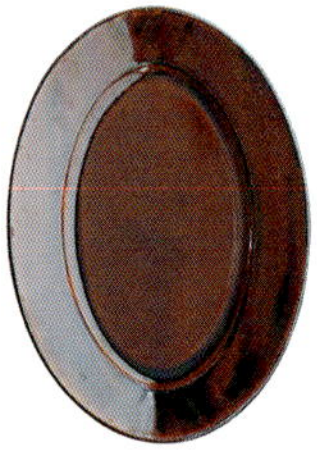

1

2

3

4

5

6

7

8

1 上質感のあるつややかなカラメル色。郡司庸久さん作
2 西洋の香り漂う花柄は、スリランカで見つけた日本製
3 コクのあるカスタード色、縁の緩やかな曲線に惹かれて
4 ジョン・リーチの工房で作られる陶器は、風合いが独特
5 料理とも色合わせしたくなる、ル・クルーゼの両手鍋
6 ナチュラルな木目が、コーディネートの味わいを深めて
7 クラシックな柄や色調の布は、食卓を洗練された印象に
8 キャンドルホルダーに便利なヨーグルトの水切りカップ

12

11

10

9

16

15

14

13

9 花岡隆さん作の黒陶長皿。余白のある盛りつけがサマに
10 コントラストで中身がより際立つ、黒陶内粉引の大わん
11 美しい佇まいの黒陶台皿は、料理にもしつらいにも活躍
12 モノトーンコーデに軽さを出せる、ホウロウのれんげ
13 両手に収まる黒陶の片口は、お総菜や漬け物を入れても
14 温かみとモダンな趣が同居する、黒陶の面取りポット
15 浅めで取り分けやすい、ストウブのシャロー ココット
16 直径18㎝のスキレットなら、料理を熱々のまま食卓へ

Winter

静かな冬の空気を、しみじみと味わえるようになったのはここ最近のこと。クリスマスやお正月などイベントのときも、大人にふさわしい抜け感や遊びを添えて。寒さがゆるゆる解かれ、穏やかな気持ちになれるコーディネートを楽しんでいます。

November

冬の始まりは
チーズフォンデュ

季節の移ろいとともに色づく木々。その自然の彩りを映した食卓は、シルバーのカトラリーとワイングラスが素朴になりすぎないポイント

自然が作り出すパレットの色を器や布、食材すべてにリンク

街がすっかり枯れ葉色に染まる頃。そのシックな色調はアンティークのような趣で、コーディネート心をくすぐります。目に焼きついた美しい景色を食卓に表現したくなり、生成りから茶色へのグラデーションをつけたベースカラーで木々をイメージ。ざっくり織られたリネンをテーブルクロスに、器は手仕事感のある陶器や木製をピックアップします。赤いナプキン、ナナカマドの葉とウメモドキの実でアクセントをつけて。寒い日にぴったりの、チーズフォンデュを楽しむことにしました。

見栄えも考えながら、アレンジしたチーズフォンデュは2タイプ。ひとつは、グリュエールとエメンタール、2種のチーズに絹ごし豆腐とすりごまを混ぜて、隠し味にみそを少々。3種のかぼちゃの中身をくりぬいて、サーブする直前に注ぎます。もうひとつは大きなカマンベールチーズをまるごと贅沢に使い、中央を薄くカットしてオーブンに投入。つける具材は野菜に、ボリュームのあるフライやソーセージ、うずらの卵も。野菜はコリンキーやれんこん、さつまいもなど、10種類近くを少しずつ。フライはホタテとタラに、甘味のあるじゃがいものキタアカリとあめ色に炒めた玉ねぎのストックで作るコロッケもプラス。お皿はどちらも、盛りつけたものの色をまとめながらしっかり映える茶色で、手をのばしやすいオーバルを選びました。

具材の準備ができたらチーズをカッティングボードにのせて、みんなが待つテーブルへ。熱々のうちに、好きな具材をつけて召し上がれ。

メインのチーズフォンデュは、専用の鍋がなくてもアイデア次第。かぼちゃの器は冷めにくく、カマンベールはそれ自体が器も兼ねて。チーズやかぼちゃの色を効果的に使い、いろいろなカップやグラスに灯したキャンドルの揺れる炎でやわらかく手もとを照らして。冬のおうちごはんにふさわしい、安らいだ空気と温かみが出せました。

Tips For Setting

* ＊チーズフォンデュの鍋代わりに、くりぬいたかぼちゃとホールチーズを。目にも楽しく
* ＊ベースはシックな枯れ葉色。木々をイメージした生成りから茶へのグラデーションで
* ＊リネンと手仕事感のある器で趣を出しながら、赤やオレンジなどの暖色で温かみを

December

赤で華やぐ
おうちパーティ

赤をテーマカラーに、雪を思わせる白っぽい生成りと緑も加えてクリスマスを意識。シンプルな料理とナチュラルシックなアレンジで

一年のありがとうを込めて シーズンカラーの赤で彩る食卓

空気がきりりと冷たくなり、気がつけばクリスマスムード一色の街並み。せわしなさはありつつも、自然と気持ちがワクワクしてきます。そして、「今年もありがとう」「来年もよろしく」の声が聞こえてきたタイミングで、仕事仲間や友人を呼んでホームパーティを開くことにしました。

テーマカラーは、迷わず赤。この季節にぴったりの華やかさがある色なので、今日の料理とデコレーションにあしらうことに。温かみがありテーブルが映える生成りをアンティークのクロスや食器に選び、野菜のグリーンをアクセントにしようかな。そんなイメージが浮かんできたら、さっそく準備に取りかかります。

料理はまず、ビビッドな赤が印象的でずっと作ってみたかった、ビーツのスープをセレクト。ゆでたビーツとトマト、炒めた玉ねぎをペースト状にして、豆乳を加えればでき上がりです。スープに合う、きのこをたっぷりのせて焼いたパンも添えて。シンプルな焼き野菜はキャベツや茎ブロッコリー、カリフラワー、ドライトマトでクリスマスカラーを意識しました。さらに、チキンとじゃがいも、芽キャベツなどを入れたホワイトソースのグラタンもプラス。どれも旬の野菜がしっかり味わえ、体も喜ぶメニューです。

グラタンをオーブンで焼いている間に、趣を出しながら空間を引き締めてくれるバラの実の枝をテーブルに生けて。そのまわりに姫りんごとドライのピンクペッパーベリーをちりばめます。グラタンが焼き上がれば、いよいよパーティの始まり。乾杯のシャンパンにはアセロラとラズベリーを浮かべ、見た目もかわいく鮮やかにしてみました。

清潔感があって食卓のまとめ役になってくれる生成りをベースに、主役の赤はあえてポイント使いしてほどよくスパイスをきかせたテーブルは、実はお正月にもリンクする色合わせ。このまま、新年のパーティにも無理なくシフトできるコーディネートです。

Tips For Setting

* テーマカラーは、この時季らしい華のある赤。あえてポイント使いで大人っぽく
* ベースになる布や器は生成りでまとめ、野菜で緑も加えてクリスマスカラーを意識
* お正月らしさもある色の取り合わせだから、新年のパーティにも使えるコーディネート

December

優しく彩る クリスマス

赤と緑のシーズンカラーは、さりげなく。自然の色彩や風合いを生かした料理と器使い、デコレーションの相乗効果で心ときめく趣を

食材も器や布も、自然な色みで テーブルをデコレーション

一年を締めくくる月も半ば、いよいよ慌ただしさは増すばかり。でも、季節のイベントはしっかり楽しみたいから、家族がそろう夕食にクリスマスのテーブルを考えます。

最初に作りたいと思った料理は、一羽をまるごと使うローストチキン。あとは、手軽でみんなが好きなイタリアンをベースにしようかな。早くもエンジンがかかったので、料理を引き立てるコーディネートのイメージが次々にわいてきます。自然とくつろげる雰囲気にしたくて、キャンバスになる布や器は温かみのあるものと決めて。まずは以前ロンドンで見つけた古いヘリンボーン柄の麻布を、細幅を生かしてテーブルセンターとして敷いてみました。

メインのチキンは、おなかに玉ねぎとにんにくを詰めてオーブンへ。焼き上がったら、テーブルで切り分けられるようにカッティングボードに。まわりには、ソテーした野菜をたっぷりと。カラートマトやにんじん、芽キャベツ、エリンギなど彩り重視のセレクトです。それをヒムロ杉の葉とティナスベリーで囲み、主役らしいインパクトを。

また、アオサを練り込んだゼッポリーネ、紫いものマッシュポテト、ルッコラサラダは素朴な風合いの陶器に盛りつけ。ムール貝の白ワイン蒸しは鉄製のお鍋ごと、パングラタンはスキレットのままサーブします。鉄の無骨さは、ナチュラルテイストの引き締め役に。そして、ほどよく華やかで抜け感も出る白地のお皿を、サーブディッシュやキャンドルトレーとしてプラス。サングリアの赤もアクセントになった卓上は、リースやモミの木を頑張って飾らなくても十分にぎやかになりました。

野菜に器、布、花材……どれも自然が生み出す力強い色調は、存在感がありながらミックスしてもやわらかく響き合い、シックなデコレーションに。それでもちょっと物足りないと感じたら、暖色を適度に盛り込むと品よく華やぎを添えられます。

Tips For Setting

* 料理は一羽まるごとのローストチキンをメインに、彩り野菜たっぷりのイタリアン
* チキンはカッティングボードにのせて野菜と植物でまわりを飾り、主役らしさを
* 素朴な布と器で温かみを出し、鉄製の鍋や白地のお皿も交ぜてにぎやかな雰囲気に

January

豆皿とそばちょこでにぎわうテーブル

小ぶりながらも存在感抜群の和の
器に、お総菜をピンチョス感覚で
少しずつ。幅広いシーンに使える
から、気軽にアレンジを楽しんで

静かに個性を発揮する和の器に気取らない料理をあれこれと

風が冷たくなるにつれて体がこわばり、お疲れモードが加速ぎみ。そんな時期は肩の力がふっと抜けて、また頑張ろう！という気持ちがわいてくるおうちごはんが一番です。

メニューで真っ先に浮かんだのは、体をじんわり温めてくれるおかゆ。白米と押し麦をブレンドして、疲労回復効果があるといわれるかぶを葉もまるごと入れることに。また、味に変化がつけられるように、お総菜をちょこちょこと用意します。そこで活躍するのが、手のひらサイズの豆皿です。たくさん並べるとまた愛らしく、ユニークな絵柄や形で遊びも添えられる優秀さ。

同様に、絵柄の面白さや使い勝手のよさから出番が多いそばちょこを、サイドメニューの器に使います。ひとつは、伊藤聡信さん作の白磁で茶わん蒸し。ふと和む色絵の楚々としたタッチは、料理の深い味わいやきれいな色調とともに洗練された食卓を印象づけて。れんげの色と卵液の色がリンクしているのもポイントです。もうひとつは手間なく準備できて場がぱっと明るくなる、色鮮やかな野菜のバーニャカウダ。そばちょこは数種のスティック野菜が差し込める口の広さと重ねたプチトマトやくし形切りのじゃがいもも顔を出す高さで、安定感もばっちり。凛とした染付を選ぶと、野菜の姿がいっそう映えて。ソースもそばちょこに入れて野菜と一緒に大皿に並べれば、サーブするにも片づけるにも便利です。

豆皿もそばちょこも手にしっくりなじみ、気兼ねなく使える和の器。ぬくもりある白い陶磁器、すがすがしさが漂う染付を集めつつ、あえてひとつずつ異なるデザインを選んで。箸をのばしたひと皿ごとに心が弾むテーブルを演出しました。豆皿があれば違う顔ぶれをあれこれまとめて並べられ、料理一品の量が少なくても見栄えします。そばちょこはお客さまがいらした際のデザートや、ときにはおしぼりを入れても絵になって、けっこう働きものなんです。

Tips For Setting

*寒さで体がこわばりがちな時期は、内側からじんわり温まるおかゆでおうちごはん

*おかずを小分けできて、それぞれの量が少なくても見栄えする豆皿とそばちょこを活用

*ユニークな絵柄の和食器はあえてデザイン違いをたくさん並べて、食卓に遊びを添えて

小さな和食器で凛とした華やぎを

食卓にすがすがしさを出したいとき、白磁に藍の染付や印判が施されたそばちょこと豆皿が重宝します。片手に収まる控えめな佇まい。ときに繊細に、ときにユーモラスに描き出される多彩な絵柄。なかでも古いものは、描かれた植物や動物、風景にかつての暮らしぶりが垣間見られるところにも興味をそそられます。

だから、器屋さんや骨董市での出合いを楽しみに、どちらかというとそろいよりバラで選ぶのが私好み。サイズ感やフォルムの微妙な違い、絵柄のタッチの差や判のずれもまたかわいい。そんな個性の共演がニュアンスを醸し、彩りのひとつになるからです。

1

2

3

4

5

6

7

1 お月見をする兎が、眺めているだけでも和む愛らしさ
2 藤花がシンプルに描かれた骨董は、お気に入りのひとつ
3 春の芽吹きを表現した五葉若草文様。縁には銀継ぎが
4 一見端正な格子文は、線が揺れるおおらかな筆致が魅力
5 胴全体に配された丸文は、パターンが異なる手まり柄
6 賭弓(のりゆみ)を行う蛙を描いた染付。反対の面には兎が
7 ゆったりとしたタッチの、桃の果実や枝葉に惹かれて

8

17

9

16

10

15

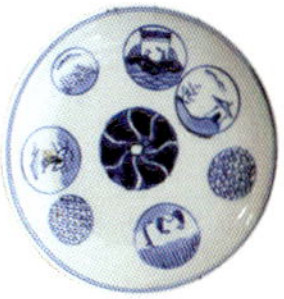

11

14

12

13

8 駆ける兎は、京都・高山寺に伝わる鳥獣戯画のひとコマ
9 野に佇む鳥や草花をぎゅっと凝縮した、にぎやかな絵柄
10 はかなげに舞う蝶を囲む縁の彩色が、心地いい緊張感を
11 ランダムな丸文の中には風景が。馬や船に乗る人の姿も
12 深い藍で力強く引かれた縞、立ち上がる縁が粋な印象に
13 気品漂う菊花を染付で表現。ふくよかな花姿が親しみを
14 草花と垣根のような柄、花びら風の縁のバランスが絶妙
15 ラフな梅文様と、緩やかに波打つ縁のフォルムが好相性
16 染付の八角皿は、海に浮かぶ帆船が風情を感じさせて
17 晴れの日にも使える松尽くしの染付皿。藍ベースが新鮮

February

飲茶でひと足先に春気分

中華料理の豊かな彩りを草花模様のアイテムに重ねて、芽吹く季節を思わせる食卓に。ナプキンにしたハンカチにも密かに花刺しゅう

多彩な料理と明るい色合いで 春を予感させるコーディネートに

ある日、探し物をしていたらお宝を発見！　何年も前に訪れた中国の骨董屋さんで選び、いつか使おうと大事にしまっていた小皿とれんげが出てくる出てくる……。旅の思い出に浸りながらも、頭とおなかはすっかり中華料理の気分。ならばと友達に声をかけて、飲茶をイメージしたランチをセッティングしました。

見つけた小皿は、取り皿や調味料入れに大活躍。その鮮やかな色使いが映える白やアイボリーをベースにしつつ、模様からアクセントカラーをピックアップします。テーブルクロスはピンクを、サーブディッシュはブルーとグリーンを草花柄とリンク。さらに、ツバキを小ぶりの花器に短く生けて、待ち遠しい春の温かみや華やかさが漂う空間をひと足先に演出することに。

メニューは飲茶といいながら、点心に主菜もプラスした中華総菜のオンパレード。2種類の包子は、飲茶らしくセイロのままテーブルへ。ごま油で和えたきゅうりと白きくらげにザーサイ、春巻きはスリランカで選んだお皿に盛りつけます。蒸し鶏のねぎソースがけに色絵の大皿を、食後のごま団子と工芸茶にも和の器をセレクトして。また、空芯菜炒めとエビチリにはフレンチアンティーク、おかゆにはベトナムのバッチャン焼きのボウルを使ってみました。

おしゃべりに花を咲かせながら、いろいろ味わえるのがうれしい飲茶。そんなにぎやかなスタイルを、アジアとヨーロッパ、現代ものと古い器のミックスがバランスよくまとめてくれました。ポイントは色柄のトーンを合わせつつ、今回のように白や自然素材で適度な抜けを作ること。シチュエーションによって、テーブルクロスを無地にしたり刺しゅうものにしてナプキンとそろえたり。食器も含め、思い切り派手な色を加えてもかわいいと思います。バラエティに富んだ料理だからこそ、メニュー選びもコーディネートもアレンジの楽しみがまだまだありそうです。

Tips For Setting

* 可憐な模様が描かれた中国製の小皿とれんげを並べたくて、飲茶スタイルのランチに
* 小皿とれんげから拾ったピンクやブルーを、テーブルクロスやほかの器ともリンク
* 器はアジアやヨーロッパのもの、現代もの、古いものをミックスして、にぎやかに

February

チョコレート尽くしのお茶会

バレンタインデーには、甘い香りに包まれたシックなテーブルで、愛しい人と特別なひとときに。洋菓子と和食器の共演で新鮮味を

チョコレートの焼き菓子に素朴な風合いの和食器がなじんで

「どんなチョコレートを、どんなふうに贈ろうかな……」。毎年バレンタインデーが近づいてくると、あれこれ迷いながらも楽しい時間がやってきます。プライベートでも仕事でも、いつも私をサポートしてくれる人たちへのサプライズ。今年はスイーツを作って、ティータイムのおもてなしをすることにしました。

　まだ寒い時期だから、スイーツは心も体もほっこりするもの。そう思ってふと浮かんだのは、香ばしいタルトとケーキ。そこに、色も味も爽やかなポイントになるフルーツをミックスすること。主役が決まったら、コーディネートもチョコレートや焼き菓子のこっくりとしたブラウントーンからイメージを膨らませます。テーブルにはヴィンテージリネンをパッチワークした布をかけて、洋の東西にとらわれず、洋菓子に普段使いの和食器を合わせてみよう！　粉引に刷毛目、黒銀彩、ブロンズ釉など、豊かな風合いや色調は案外チョコレートとなじみそう。セッティングまで頭に描きながら、スイーツ作りのスタートです。

　まず準備するのは、バナナといちごを使ったチョココーティング。バナナは溶かしたミルクチョコレートに、いちごはホワイトとミルク、2種類のチョコレートにくぐらせ、砕いたくるみをトッピング。チョコレートが固まるのを待ちながら、焼き菓子を手早く作ります。タルトには、チョコレートソースと洋梨のコンポートを用意。熱々のタルト生地に濃厚なソースを流し込み、洋梨のスライスをのせました。そしてケーキはガトーショコラを選び、ほろ苦いダークチョコを生かした大人風味に。外はさっくり、中はしっとりと焼き上げます。

　素朴な味わいのお菓子と、手仕事のぬくもりが感じられる器。仕上げにドライの花や実をあしらえば、より落ち着いた雰囲気にまとまって。みんなにゆったりとくつろいでもらえる、スウィートバレンタインのテーブルが完成です。

Tips For Setting

* スイーツはほっこり香ばしいタルトとケーキに、色も味も爽やかな果物をミックス
* チョコレートや焼き菓子のこっくりとしたブラウンを、コーディネートに取り入れて
* 粉引や刷毛目、黒銀彩など、風合い豊かな和食器はチョコレート菓子にもしっくりと

おわりに

ごはんの味も見た目も楽しみたくて、
コーディネートを考えるときは
いつもあれこれ手を動かしています。
料理と器の組み合わせ、花と布の色使い、
無国籍なスタイル……。自分でも
思いがけない景色になるのが面白い。
そんなお気楽で自由なアレンジですが、
何かひとつでも、食卓を彩るヒントが
見つかるといいな。

雅姫　まさき

モデル、「ハグ オー ワー」「クロス&クロス」のデザイナー。インテリア、料理、ファッションなど多彩な分野でセンスを発揮。『雅姫のインテリアスタイル 心地いい空間の作り方』ほか著書多数。企画から携わるムック『SENS de MASAKI』（以上、集英社）では、感性を磨く生活スタイルの提案も行う。

撮影　大森忠明
取材・文　高井法子
デザイン　吉村 亮　大橋千恵（Yoshi-des.）

a Table《アターブル》 雅姫のテーブル12カ月

２０１７年９月12日　第１刷発行

著者　雅姫

発行人　田中 恵
発行所　株式会社 集英社
〒１０１－８０５０
東京都千代田区一ッ橋２－５－10
電話　編集部　03－３２３０－６３４０
販売部　03－３２３０－６３９３（書店専用）
読者係　03－３２３０－６０８０

印刷・製本　大日本印刷株式会社

ISBN978-4-08-780819-3 C2076